POEMAS DEL AMOR LEJANO

Ricardo Moreira

2015
1ª edición
ISBN: 978-84-606-9349-9
Printed by CreateSpace, An Amazon.com Company
Available from Amazon.com, CreateSpace.com, and other retail outlets

Dedicatoria

A la mujer que siendo Musa de mis letras, ha permitido a estos versos, ver su luz.

A modo de prólogo...

La poesía es lenguaje de los sentimientos, expresión constante de las emociones, vivencia en letras del trasegar humano. Cuando un poeta escribe, lo hace la vivencia del mundo entero, el sentir simple del callejero transeúnte, el corazón sin manchas de un niño en su primer amor, el postrer recuerdo del viejo que nos deja se vida en el último suspiro. La poesía no tiene tema, principio ni fin, es simple lenguaje del alma, que a cada uno toca en su pequeño pedacito de alma viva.

Pero no todos los amores, como no todos los deseos, son tan cercanos, cotidianos, diarios, estables, sentidos; algunas veces, muchas diría yo, el sentir del amor está separado de océanos de distancia, de imposibles concesiones, de irrealizables ensueños y, aún así, existe, es, sobrevive. A esos amores dedico estos versos.

He querido ilustrarlo en mi torpe pluma, no por darles brillo de pintor, que no tengo, ni toque de artista, del que siempre he carecido. Simplemente he querido en torpes líneas de tinta burda, mostrar cada sentir, que en mi alma despertó, cada verso.

Índice

Clases de Amores	13
Los Amantes	15
Amor maduro	17
Llamada	19
Amor Distante, Amor Cercano	21
Fin del Mundo	23
Historia de mis letras	25
Dedicación	27
El momento en que llegaste	29
Te sueño a todas horas	31
Equilibrio perfecto	33
Mi referente	35
Un yo, sin ti	37
Historia reservada	39
Despertar sin ti	41
Nos pesa el tiempo	43
La magia existe	45
Dispuesto y sin ti	47

Sueño y despertar	49
Amor ausente	51
No te guardes nada	53
Ser instantes	55
Año sabático	57
Principio de sincronía	61
Perspectiva	63
Súper Luna	65
Amor sin edades	67
Celos estacionales	69
Preguntas y respuestas	71
Lo que esconden mis palabras	73
Tiempo relativo	75
Almas gemelas	77
Me dicen, nada saben	79
Viajes imaginarios	81
Tiempos	83
Oda a Santorini	85
Luz y Mar	87
Freno y desenfreno	89
Lo que veo desde mi ventana	91
Cuentas cerradas	93
Llegaré a ti	95
Encuentro del presente	97

Cuenta regresiva	99
Inicio del viaje	101
Contigo al fin	103
Predicciones	105
Eclipse de Luna	107
Gratitud	109
El milagro de la creación	111
Amor geométrico	115

CLASES DE AMORES

Hay muchas clases de amores,
filiales, fraternos, consentidos,
amores locos, amores furtivos,
amores románticos, amores eternos,
amores ciegos, amores perdidos,
amores platónicos, amores renacidos,
amores fugaces, amores sin sentido.

Habiendo tantos amores,
sería un desperdicio,
renunciar a tal surtido.

LOS AMANTES

Los amantes sueñan, planean, programan.
Los amantes piensan, especulan, desean.
Los amantes cumplen, realizan, ejecutan.
Los amantes complementan, suman, agregan.
Los amantes viven, sufren, lloran.
Los amantes esperan, aguardan, penan.
Los amantes gimen, se extrañan, se añoran.

Cuando por fin se juntan,
los amantes se funden,
se hacen Uno, se fusionan.

AMOR MADURO

Con el paso inevitable de los años,
se evidencian cansancios escondidos;
cambia el cuerpo, nos llega el olvido,
no el de pequeños detalles sin sentido,
sino el de las cosas importantes de la vida,
inconsciente forma de ocultarse cada herida.

Nos creemos las secuelas de la edad,
hacemos del absurdo una verdad,
agotamos la alegría sin aun vivirla,
escapamos de la vida sin sentirla,
dedicamos a los hijos los momentos,
somos viejos jóvenes, sin sentimientos.

Y en el ocaso de los años, con sus noches frías
te apareces y despiertas las pasiones mías;
me devuelves sensaciones juveniles,

mis vivencias viejas las tornas infantiles;
me demuestras que estas canas que nos rondan,
reflejo tan solo son, de amores que retornan.

Eres tú, mi dulce compañera enamorada,
contemporánea de mis años, delicada,
quien derrumba completos estos muros,
dejando en el pasado aquellos años duros,
reviviendo mi corazón, agitando mi alma,
haciendo eternamente joven, esta calma.

LLAMADA

Hoy realizo la llamada que debía,
desde hace tiempo yo escuchar;
el grito mudo que mi cuerpo,
clamaba para, por fin, despertar!

Llamo a mis células, ponerse en marcha,
a mis neuronas, ponerse a pensar;
a mi piel, recuperar sus percepciones,
a mi organismo, volver a funcionar.

Llamo a mi consciencia dormida,
a mis músculos, ponerse a caminar;
llamo a mi corazón, volver a latir,
y clamo a mi alma, volver a amar.

AMOR DISTANTE, AMOR CERCANO

Si tuviese que describir el sentir de mi corazón,
con la distancia geográfica que nos separa,
con el océano injusto que nos es constante,
aun sabiendo que me reuniré muy pronto,
con el ser que adoro, con la mujer que amo;
empezaría por hablar de las mariposas,
que locas revolotean entre mi estómago;
seguiría con los suspiros, que me quitan el aliento,
con el frenesí de sentires renacidos,
con el insomne desvelo de mis noches,
con el aturdido embrujo de mis días.

Más no tendría mi historia principio, ni final,
en la suma de tan intensas sensaciones,
que invaden sin recato este cuerpo que me habita,
cúmulo insaciable de sentires, pensares y emociones.

El amor que me seduce está distante, lejano,
retirado, remoto, separado, ausente;
más, sin embargo, es tan cercano a mis latidos,
tan vivo en mi disperso pensamiento,
tan lúcido en mi memoria y su mar de olvidos,
que, pese a no estar en cuerpo cierto,
alejado y cercano es, siempre presente.

FIN DEL MUNDO

No permita la impredecible fortuna,
que se acabe el Mundo sin tenerte;
no se cumpla ninguna profecía,
que me prive en esta vida de tus besos.

Desafío a brujos, profetas y hechiceros,
a que retiren el mal augurio de los tiempos;
invito a pitonisas, agoreros y videntes,
a cambiar el mal rumbo de sus vientos.

Inadmisible sería ver sucumbir un Universo,
tan prolijo en sus dulces maravillas,
sin que antes te tenga entre mis brazos,
sin que mis labios te colmen con mis besos.

HISTORIA DE MIS LETRAS

Empecé a escribir un libro,
un día cualquiera de mi infancia;
soñé dragones, héroes, hadas, brujas,
preciosos reinos de un mundo imaginario,
hermosas historias, jamás completadas.

En mis años de juvenil adolescencia,
brotaron de mi mente poemas románticos,
cuentos sencillos, frescos, tranquilos,
que se fueron olvidando, sin razones,
que no vieron la luz, en sus cajones.

El adulto siguió buscando letras,
en fallido intento y sin lograrlo,
de enlazar historias más maduras,
novelas sin tema, poemas sin rima,
relatos sin gracia, tratados sin fin.

Pasados los años, cual embrujo,
apareció la chispa, reavivó la llama,
brotaron en mi mente los recuerdos,
se rebelaron las letras que esperaban,
encontró la pluma inspiración.

A mis diez lustros llegó por fin la rima,
que desveló los sentires de mi corazón,
dio vuelo al pensamiento libre,
tradujo en versos una vida,
descubrió sin dilemas, una razón.

Del sueño infantil, la imaginación juvenil,
la erudición adulta, la inacción constante,
no cambió el poeta, ni se hizo el escritor,
pero brotaron versos, rimas, cantos, letras,
al encontrar la musa, que es realización.

DEDICACIÓN

Los días y las noches que me restan,
en el largo camino de esta vida,
a ti, gemela alma de mi ensueño,
los entrego con convicción fortalecida.

Y hasta el último aliento que me quede,
aliento eterno, voto reiterado,
por ti será suspiro y pensamiento,
amor perfecto a ti ofrecido.

Cómo no dedicarte mis versos,
mis palabras, mis sentires?,
Si mientras espero tu llegada,
quisiera ser hasta, el aire que respires.

EL MOMENTO EN QUE LLEGASTE

Sumido en mis tristezas, frustraciones, desvaríos,
llegaste a mí un día, tranquila, amiga, cómplice.

Me escuchaste con paciencia, me consolaste.

Soportaste mis protestas a la vida, me aconsejaste.

Fuiste liberando mis demonios, me cobijaste.

Hiciste de mi existir dulce gloria, me enamoraste!

TE SUEÑO A TODAS HORAS

Sueño contigo en las mañanas,
compartiendo conmigo el despertar,
iniciando con besos las jornadas,
vistiendo de besos nuestro andar.

Sueño contigo en las tardes,
de tu mano tomado al caminar
sin rumbo fijo y en los parques,
donde siempre te quiero acompañar.

Sueño contigo en las noches,
en tu cuerpo el día terminar,
amando la vida sin reproches,
en desnuda pasión, siempre culminar.

EQUILIBRIO PERFECTO

Orgulloso estoy de la felicidad que te despierto,
alegría del día a día en que me seduces;
vivo por ti y tuyo es todo mi esfuerzo,
seguro del amor, que en mi corazón produces.

Seguro estoy que es amor correspondido,
pues sabes bien que cada meta conseguida,
viceversa perfecta, entrega equilibrada,
es contigo, en tu esencia, realizada.

MI REFERENTE

Admiro tu inmutable fortaleza,
el corazón abierto que la nutre,
la templanza del carácter noble,
la ternura con que amor ofreces.

Ejemplo eres, de coraje innato,
de valiente afrontar la desventura,
modelo de fuerza que sonrisa inspiras,
en la fe constante que a vivir me incita.

Inspiradora de prosas infinitas,
redactora de deseos descontrolados;
musa de mis versos, mi heroína distante,
canto de mis sueños, siempre amada.

UN YO, SIN TI.

No sé que haré, un yo, sin ti,
si al despertar me hace falta tu mirada,
si a media mañana no veo tu sonrisa,
si al mediodía no encuentro tu palabra,
si al atardecer no siento tu caricia,
si en la siesta no tengo tu cuidado,
si en la noche no duermes a mi lado.

Y es que, no sé, a ciencia cierta,
en este ya largo trasegar de mi vida,
cómo he llegado a ser, sin tu presencia.

HISTORIA RESERVADA

Si contáramos la historia que nos une,
si narrásemos al Mundo nuestro cuento,
sin inventar un mito ni hacer de ello leyenda,
dudaría hasta el más crédulo de los mortales.

Despertaríamos envidia de los amantes fallidos,
de novios desahuciados, de esposos aburridos,
de parejas sin norte, de seductores sin tino,
de Don Juanes sin gracia, de sirenas sin trino.

Querrían imitarnos los Romeos potenciales,
las Julietas dedicadas, los poetas de las almas…
pero obligado es callar, guardar verdades,
mientras de la siembra se llega a recogida.

No existe Kamasutra que enseñe del amor,
limitando al buen sexo sus posturas;
no hay manual que pueda contener mis amoríos,
ni historiador que narre nuestras aventuras.

DESPERTAR SIN TI

Esta mañana desperté con algún mal,
dormí sin ganas, no encontré acomodo,
me costó ponerme en pie, golpeé con todo,
me miré al espejo, me noté normal.
Tal vez no era en mí lo que ocurría,
quizás el mundo se me había perdido,
me vestí como pude, confundido,
me lancé a la calle, vi como llovía.
Discurrí en silencio, me mojé el vestido,
encontré disputas donde no debía,
malhumorado pregunté, aturdido,
al cielo inmenso el porqué de este día.
Entonces escuché tu voz enamorada,
que calmaba mi lucha tormentosa,
me apresuré a escucharte, cariñosa,
la paz volvió; solo faltaba tu mirada.

NOS PESA EL TIEMPO

Cómo nos pesa el tiempo,
que se resiste a detenerse,
que no cesa en sus avances,
que nos deja sin remedio.
Cruel verdugo que me aleja,
del calor de tus abrazos,
de la humedad de tus besos,
del sabor de tus pasiones.
Me cuesta llevar encima,
esta gravedad que se invierte,
poniendo sobre nosotros,
este Universo inconsciente.
Me pesan los años, los meses,
los días, las horas, los minutos,
que deseando tenerte sin lograrlo,
se mueren, nos matan, y nos dejan.

LA MAGIA EXISTE

Muchos son los que creen en los agüeros,
leyendas viejas que desafían el tiempo:
el gato negro que se cruza en el camino,
la escalera inclinada que debemos evitar,
el espejo roto que llama la mala suerte,
y hasta el número trece, con su maleficio.

De cierto, yo no sé nada,
ni me fio de las historias,
que meigas, hechiceras y brujas,
ninguna dicen que hay, pero haberlas, haylas.
Y duendes, elfos y hadas,
la mente, sin duda, habitan.

Solo sé de mi fortuna,
de vivir en persona el hechizo,
de unos labios obrando magia,

de unos ojos haciendo embrujo,
de una Dama que sin conjuros,
tornó el amor, en sortilegio.

No existe la mala ventura,
que otrora mi corazón afectara,
ni vive más la maldición,
que a sufrir de amor me condenara.
Lo que siento no son ya augurios,
lo que vivo, es buen presagio.

De magia lleno mi vida,
sin trucos y sin engaños,
magia de amor, magia en el alma,
sentir sin pócimas ni brebajes.
Ilusión sin trampas que la realicen,
porvenir fecundo, sin más matices.

DISPUESTO Y SIN TI

La bañera dispuesta, en ella la espuma,
las sales de baño, las perfumadas esencias,
el vino espumoso, los pétalos de rosas,
la luz de las velas, la música, las fresas...
la chimenea encendida, el agua a punto,
los besos derritiéndose entre una trufa...
todo, todo perfecto, todo en su sitio...
Pero de nada sirve, en nada alegra,
inútil resulta, tan bien estar,
si a tan bello íntimo entorno,
preciso le faltas TÚ.

SUEÑO Y DESPERTAR

Despierto de la noche larga o corta de mis sueños,

y tan solo abrir los ojos, el alma se motiva.

Eres de mi amanecer primer pensamiento,

como fuiste de mi noche hermoso sueño.

Me empujas de la cama, me mueves, me levantas,

pues no deben tus sueños quedarse en una almohada;

obligas a mi cuerpo en alerta a estar atento,

para sentirte viva, despierto soñando, hasta dormido.

AMOR AUSENTE

Qué dura me resulta a veces,
tú compañía sin tenerte,
tú presencia sin verte,
tú ausencia sin mirarte
tú distancia sin mimarte.

Sueño el día en que por fin te tenga,
unida a mí, en éxtasis, ensimismada.

Cuento las horas que me separan de ti,
nado en sueños el océano que nos separa,
vago errante los caminos que te acercan,
viajo como peregrino por cumbres y por valles,
busco angustiado el sendero de tu encuentro.

No llego aún, pero estoy en marcha,
sigues lejana, pero menos distante.

No te reconozco entre las gentes,
que sin inmutarse deambulan por las calles;
no te veo entre la multitud de mis pesares,
pero te presiento en los pasos que recorro,
te vislumbro en las sombras de mi andar.

Llegaré un día a tu lado, eso es seguro,
es la meta que habré de conquistar.

En el lugar lejano, donde esperas,
de apasionados besos te cubriré,
entregaré mi alma enamorada,
rendiré mis pies ante los tuyos,
desnudaré mi corazón y sus latidos.

Y es que pese a estar ausente,
en mí estas, siempre presente.

NO TE GUARDES NADA

No te guardes nada.
No retengas en ti rencores,
reclamos, dudas, frustraciones.
Dime todo; deja que corazón y alma,
se descarguen de recelos,
de miedos, de dolores.

Libera en mí lo que sientas,
aun si crees que me lastimas;
pues prefiero el dolor de un instante,
la dura realidad de tus visiones,
el temporal fluir de frustraciones,
que la lacerante herida de un olvido.

Aprendo, que vivir sin ti no puedo,
que tu sonrisa la echo en falta,
que tu mirada se necesita con la mía;

desaprendo de angustias cotidianas,
de recuerdos malsonantes,
de prestados momentos mal vividos.

He estado acompañado tantos años,
de vacíos que nublaban mis sentidos,
de espejismos de armonía idealizada;
ahora vivo en la soledad de mis espacios,
pero tengo contigo un sueño compartido,
esperanza sin secretos, felicidad alcanzada.

SER INSTANTES

La vida son momentos, episodios, un instante;
vivir no es simplemente estar presente, o ser
ausente.

Vivir es hacer de cada segundo eternidad en el
recuerdo,
significado imborrable de continuo crecimiento,
proyección constante del rumbo que seguimos,
idea concreta de anhelos y ambiciones.

Sentir, pensar, vivir, seguir.

Ese es nuestro camino compartido,
reducido a cada espacio, a cada tiempo,
dimensión universal de infinitas posibilidades.

No cesar, no renunciar, no cambiar más que el
cambio,
ser instantes, eternos; hacer inmortales, los
momentos.

AÑO SABÁTICO

Sueño con por fin plegar las velas,
guardar las cuentas, olvidar deberes,
renunciar a todo, por llevarte a ti,
a viajar sin tiempo, navegar sin rumbo,
conocer lugares, recorrer el mundo.

Anhelo besarte en la litera de un tren,
verte sonreír en la cabina de un avión,
hacerte el amor en un bello camarote,
que protesten celosos los vecinos,
al ruido de pasión desatada en un hotel.

Espero llevarte atravesando Europa,
escalarte hasta el Everest en Asia,
ser tu manada de calores africanos,
llevarte dando saltos hasta Oceanía,
disfrutar los paraísos de tu América.

Te quiero en París, por los Elíseos,
cantarte en Venecia, en una góndola,
darte calor de gaita, en la fría Escocia,
regalarte tulipanes, en la florida Holanda,
mostrarte los molinos, de mi bella España.

Domarte cual leona, allá en el Serengueti,
ser manantial y oasis, en el seco Sahara,
rezarte con recato, en la Mezquita de la Meca,
llevarte a los mercados, de un Túnez agitado,
hacerte eterna esfinge, en el Egipto sagrado.

Bañarte hasta el espíritu, en la lejana India,
esculpirte en terracota, en la misteriosa China,
ser tu hábil jinete, en las llanuras de Mongolia,
reverenciarte con té verde, en el mágico Japón,
recorrerte por el Indico, ser tu cálido monzón.

Presentarte el paraíso, allá en las Islas Fiji,
mostrarte los misterios, que abundan en Papúa,
beberte hasta agotarte, en desiertos australianos,
ser monstruo amable, en la escondida Tasmania,
hacerte nueva siempre, en Zelanda o en Guinea.

Explorarte la tupida selva, más allá de tu
Amazonas,
tocar Tierra de Fuego, en la baja Patagonia,
deslizarme en los estrechos, hasta el límite de
Alaska,
ser Centro, Sur y Norte, de tu América
profunda,
sentir tu calor siempre, que en el Caribe abunda.

Regálame un año, uno tan solo de tu vida,
y prometo hacer con tu cuerpo geografía,
sabático remanso de pasiones contenidas,
viajero estelar en aguas desconocidas,
Marco Polo aventurero, de tus fantasías.

PRINCIPIO DE SINCRONÍA

Si dos almas errantes y perdidas,
coinciden en hallarse y entenderse,
comparten desnudas sus secretos,
abren su corazón sin detenerse,
entregan su razón a conocerse,
prodigan en pasión su anatomía,
piensan al unísono iguales melodías,
se dan enteras, la vida y el sentir,
entonces, y solo entonces, entre ellas,
podrá decirse que existe sincronía.

PERSPECTIVA

Tan larga es esta historia,
como corta nuestra cercanía;
tiempos idos, en otras vidas,
ajenos a nosotros, esos días.

Ahora que el destino nos reúne,
paramos el reloj en sus segundos,
hacemos de las horas poesías,
crecemos con los meses bien vividos.

No hay ayer que nos quite un mañana,
ni presente que no sea nuestro, en exclusiva;
hoy, mañana, siempre,
todo en uno, en perspectiva.

SÚPER LUNA

Dicen los astrónomos, que así debe llamarse
a esa Luna grande, que aparece en junio,
sobre el horizonte lejano, de un naciente verano;
una Súper Luna, que todo lo cubre,
con su redonda silueta, más blanca que nunca,
en un Cielo de estrellas, claro y despejado.

Pero no saben mucho, los sabios enterados,
que todo lo miran, con sus telescopios,
pues jamás se enteran, sobre aquél satélite,
que si mucho se acerca, es para besarte,
en la bienvenida, de tus buenas noches,
en la madrugada, de tus buenos días.

Si miraran siempre, aquel firmamento,

de este amor completo, sin ningún lamento,

de la Luna dirían, que es caprichosa,

que siempre esta grande, en mi pensamiento,

que es luz y guía, de mi sentimiento,

que contigo sueña, compartiendo aliento.

AMORES SIN EDADES

No hay edad en la que el amor pierda su sentido;
de hecho, y bien reflexionado,
es la edad, la madurez, el tiempo,
encuentro de la razón al corazón:
perderse en el otro, para encontrarse,
eso es amor, sin edad, ilimitado.

Del amor juvenil, ilusionado,
al amor maduro, apasionado,
sin importar el camino recorrido,
hay un final, enloquecido,
que es darse paz, en todos los sentidos,
bañarse en besos, sin razones,
renacer cada día, hacerse joven,
tornar abrazos en caricias de viento,

tomar una mano, en apoyo de la otra,
ser uno siempre, en el amor sumado.

Para el amor no hay edad,
solo querencia, sentir, vivir;
para el amor no existe el tiempo,
solo espacio, unión y sentimiento.
Te enamores temprano,
o acaso lo hagas en tu ocaso,
permite al amor fluir,
sin prisa, sin tiempo, sin huir.

CELOS ESTACIONALES

Envidia siento del Sol, que tu piel toca,
de la sombra que te cubre y te cobija;
celos tengo de la lluvia que te moja,
del viento que atrevido tu cabello ondula;
reniego del verano que aligera tu ropa,
de la primavera que con flores te regala;
desconfío del invierno que a refugiarte obliga,
del otoño que hojas con la forma de tu boca.
Me declaro enemigo del tiempo estacional,
meteorológico contrario a mis caricias, mi rival.

PREGUNTAS Y RESPUESTAS

No pregunto, aunque la curiosidad me golpea por dentro;
no te interrogo, aunque esté intrigado con mil preguntas;
no indago, aunque la ansiedad de saber sea impulso insoportable.
Espero paciente a que me cuentes, me respondas,
pues solo de tus labios la verdad del corazón puede venir.

Lo demás es suponer, y en lo supuesto,
solo hay duda, especulación, preconcepto;
en lo que se intuye solo hay probabilidades,
pero en aquello que me dice tu mirada,
siempre hay certezas, honestas realidades,
espejo único, reflejo completo de respuestas.

LO QUE ESCONDEN MIS PALABRAS

Si supieran, aquellos que me leen,
cuántas risas esconden mis palabras?
Si sospecharan, siquiera en su medida,
cuánto amor contenido llevan?
Si entendieran, si intuyeran, si vivieran.

Imagino que, de ser así, de saber tanto,
de descubrir el secreto que las letras conllevan,
sonreirían conmigo, como lo hago cada día,
se enamorarían como yo, de cada verso,
pues esconde él, la fuente inagotable de mi vida.

TIEMPO RELATIVO

Contigo, las horas son minutos,
sin ti, los segundos se hacen meses,
el tiempo transcurre relativo,
el espacio se comprime caprichoso.

Los instantes compartidos, son eternos,
infinitos en el vivo retrato del recuerdo,
inmortales en la fugaz ruleta de los días,
imborrables en el alma que ha vivido.

En tu ausencia, la memoria se hace efímera,
no se evocan, tan siquiera, los momentos;
constante sea tu presencia, siempre viva,
en mi ser, sin tiempo, existencia convencida.

ALMAS GEMELAS

En los albores de los tiempos, separadas,
en el curso de la Historia, reencarnadas,
dos almas que, sin conocerse, evolucionan,
esperando su encuentro final e inevitable.

Almas gemelas, antaño divididas,
ahora por capricho de los Astros, reunidas,
unión eterna, de elementos puros,
alquimia exacta, en eterna comunión.

Se buscan, se acercan, se presienten,
se encuentran, se unen, se fusionan,
se alegran, se entristecen, se consuelan,
nunca más ajenas, en una, dos, fundidas.

ME DICEN, NADA SABEN

Me llegan mensajes que agradecen,
que a ti te haya hecho feliz;
no conocen ni saben los que escriben,
que eres tú quien ilumina mi camino,
quien de alegría infinita y desbordada,
alimenta sin pausa mi existir.

Me dicen insistentes que te ves más bella;
no saben que la luz reflejada en tu mirada,
es espejo del brillo que hoy me cubre,
copia exacta de latidos permanente,
relucir brillante de ilusiones compartidas,
alimento mutuo que armoniza el corazón.

Te ven, sin mí, de forma aislada;

me ven, sin ti, como si no existieras;

no comprenden que somos unidad,

suma constante, adición y complemento,

eco de sentires de los que nada saben,

ecuación perfecta, pasión y sentimiento.

VIAJES IMAGINARIOS

Tantas veces hemos emprendido viajes imaginarios,
traspasado barreras espaciales y geográficas,
cruzado océanos calmos, ríos caudalosos,
escalado montañas escarpadas y rocosas,
recorrido valles y llanuras florecidas.

Realidad es, que evoca solo al mundo de los sueños,
cierto es, que nuestros cuerpos no se han movido;
pero quién, con certeza, puede asegurarnos,
que nuestras almas, amándose en esos paraísos,
al embrujo de los astros, en verdad no se han unido?

TIEMPOS

Liberado del peso de los años,
renacido en el hoy que me acompaña,
comparto contigo mi pasado,
simple referente de un "HA SIDO".

Me encamino de tu mano acompañado,
al futuro incierto que soñamos,
espléndido norte que buscamos,
sencilla bitácora de un "SERÁ".

Pero vivo intensamente y complacido,
este vital instante que me ofreces,
presente enriquecido tantas veces,
eterna realidad que siempre "ES".

ODA A SANTORINI

Miro extasiado el blanco de tus casas,
el azul o el rojo reluciente de tus cúpulas,
el aguamarina calmo de tus aguas,
el brillante cielo que de luz te cubre.

Sueño en tus mares sumergirme,
en tus estrechas calles distraerme;
Santorini que elevas mis sentidos,
Griega isla, de tiempos detenidos.

Mi mente te recrea, aun sin conocerte,
mi cuerpo vibra, anhelando poseerte.
Volcánica explosión que te conforma,
Mediterráneo Mar, que te bordea.

Con mi amada llegaré un día a tu encuentro,
me refugiaré en tus aguas, en tu cielo;
en tus solitarias playas, en tu pétreo suelo,
dejaré la huella de mi amor eterno.

En un beso apasionado, un abrazo acalorado,
viviré en ti mi más grande idilio, enamorado;
Luna de Miel, en tu tierra eternizada,
Santorini romántica, mi isla soñada.

LUZ Y MAR

Me paro en silencio y solitario,
en una deshabitada playa de Galicia,
donde se nos muere el Mar,
donde se nos acaba el Mundo;
la contemplo, la siento bajo mis pies, la disfruto;
no es soledad, no es silencio, no es tu ausencia;
es el imaginar en el aroma del viento,
tan impregnado en su mezcla con la sal,
que estás junto a mí, que me acompañas…
Y te veo, te descubro, te presiento;
te veo en cada ola, en la brisa, en la arena,
en la gaviota que saluda en su aleteo,
en el barco que se acerca a la distancia,
en el faro que ilumina en lontananza.

Eso eres, amor lejano que me inspiras,
océano que recrea mis pensamientos,
mi agitada playa de los silencios,
mi tranquilo Sol, mi Luz, mi Mar.
Sol que eneguece mis tristezas,
Luz que ilumina mis temores,
Mar que me baña, de ilusiones.

FRENO Y DESENFRENO

Eres sonrisa, aun en la tristeza.
Eres alegría, aun en las penurias.
Eres estímulo, brío, coraje.

Eres motivadora esencia de ambrosía.
Inundación de gesto amable en las mañanas.
Desborde de sonrisas en las tardes.
Incitación de carcajadas en las noches.

Toda tú eres de fragancia la eclosión,
que hora tras hora me baña de pasión,
me abraza, me contiene, me rodea,
positivo influjo que mi alma moldea.

Y eres distancia, en cercanía,
freno de impulsos de mi torpe osadía,
polo a tierra de mis desvaríos,
razón y vida de mis sentimientos.

Contienes mis pesares,
llenando mi ilusión,
disparas mis deseos,
con mares de pasión.

Frenas los males que me agobian,
con el influjo de amor que me transmites;
desenfrenas mis anhelos de tenerte,
con el embrujo del soñar, que me permites.

LO QUE VEO DESDE MI VENTANA

Tengo la mala costumbre,
de asomarme con frecuencia,
para a través de mi ventana,
ver a la gente pasar.

Veo a la madre, que pasea con sus críos,
al cartero, que no acierta direcciones,
al repartidor, que maltrata los envíos,
al hombre común, que camina sus silencios.

Veo al perro, que arrastra al amo,
al conductor, que de frenar se olvida,
al peatón, que distraído cruza,
al mercader, que a su cliente atrae.

Pero por mucho que miro,
por lejos que intento ver,
aun no logro distinguirte,
entre la anónima multitud.

No me importa lo que observo,
ni me fijo en los detalles,
solo espero que aparezcas,
para contigo, olvidar estas calles.

CUENTAS CERRADAS

He dejado sin saldo las cuentas del pasado,
cerrado con llave los baúles del recuerdo,
hecho finiquito de deudas ya pagadas,
de intereses pendientes de recaudo.

En ceros reinicio mi camino,
para asumir la libertad de mi futuro,
dirimiendo diferencias olvidadas,
asumiendo sin temores lo seguro.

Entregado a ti sin ataduras,
libre, al fin, de los fantasmas,
limpio en todo, con pureza,
crédito abierto, a tus aventuras.

LLEGARÉ A TI

Aprenderé a tocarte, vida mía,
con la suavidad del viento con las hojas;
te amaré despacio, palmo a palmo,
tus poros recorreré con alegría;
mis dedos aprenderán tu geografía,
en besos en ti me sumergiré calmo;
en abrazos llenaré tu ser de amores,
en versos llegaré a ti, con poesía.

ENCUENTRO DEL PRESENTE

En el fondo de mi alma confundida,
existían conflictos insolubles con la vida;
peleas eternas que minaban mi alegría,
vacíos constantes que tomaban mi energía.

Inesperado fue el encuentro que produjo,
el imposible milagro de un embrujo,
que de la sombra rescató mi corazón,
devolviendo con magia a mi mente la razón.

Se hunde el pasado en los recuerdos,
desaparecen en cenizas sus tormentas;
canto nuevo de preciosa melodía,
regalo inmenso que me das, amada mía.

Agradezco el amor que despertaste,
la fuerza vital que completa renovaste;
el presente incomparable que me das,
el futuro acompañado que irá a más.

CUENTA REGRESIVA

Cuenta atrás realiza despacioso el tiempo,
en el intermedio geográfico que nos separa,
enriqueciendo de amor el sentimiento,
cruel conteo en el pasar de los minutos,
delicioso caer de los días del calendario.

No son meses que vivimos alejados,
ni semanas de ausencias obligadas,
son los días los que enseñan y preparan,
son las horas que acercan y confortan,
son segundos que te esperan silenciosos.

Cuando llegue el momento de la unión,
en que doblen las campanas del reloj,
terminaremos la espera, con lazos bendecidos,
pondremos fin a los silencios mudos,
y sabrás sonreír, como sonrío.

Me llenarás de besos en el frío,
te arroparé de abrazos con calor,
y nunca más ya el tiempo contará,
sin segundos implacables de vacío,
terminando ahí su cuenta, detenido.

INICIO DEL VIAJE

Tengo listo el equipaje,
ligeras prendas que me vistan,
para cubrir el frío de un largo viaje,
de las mullas que hoy de ti me alejan.

Cruzaré el océano majestuoso,
surcaré los cielos solitarios,
te daré el primer beso caluroso,
llenando de amor tus bellos labios.

Me uniré a ti sin separarme,
siempre cercano a tu regazo;
ni un día dejaré de enamorarte,
hasta fundido morir contigo, en un abrazo.

CONTIGO AL FIN

Contengo como puedo la sonrisa,
reflejo inevitable del sentir;
dejo escapar tantos nervios contenidos,
descanso, al fin, de este sufrir.

Ausencia involuntaria de los cuerpos,
lacerante semejanza con morir;
hora es ya de entregarte el alma,
en elixir etéreo que nos anime a existir.

Tanto tiempo soñando entre tus brazos,
corazón contenido quedando sin latir;
ahora besaré por fin tus labios sin las prisas,
tomaré tu cuerpo, volveré a vivir.

PREDICCIONES

Lo predijo el Oráculo de Delfos,
en su distante lugar en el Parnaso,
que un día por fin te encontraría,
para colmar tu vida de alegría.

Lo adivinó la Sibila en el Egeo,
pitonisa profética de Delos,
que un día a mi vida llegaría,
la mujer que de mi ser hiciera poesía.

Se cumplen, por fin, exactos los augurios,
efectivo se hace ahora el sortilegio;
a mi, tu ser, por siempre unido,
por ti, mi bien, hasta el último latido.

ECLIPSE DE LUNA

Cuando el Astro Rey,
encumbrado en su cenit,
funda con la Tierra,
el anillo de sus sombras,
y refleje entonces,
en la hermosa Luna,
su alianza de luz,
se unirán las almas
de dos amantes tiernos,
que en eterno idilio,
por fin estarán.

GRATITUD

Me haces grande, único, incluso talentoso;
confío por fin en mí y te lo demuestro.
Contigo triunfo, proyecto, crezco,
reencuentro la seguridad perdida,
recobro la vitalidad, ayer vencida.
He aprendido a amarme, amándote,
me apoyas, me animas, me inspiras,
llenas mi ser de experiencias compartidas,
mi alma sacias de magia y alegría;
organizas mis tiempos, me aconsejas,
me miras, me besas, me cobijas.
Por todo ello, y mucho más que te diría,
cada día de este Fénix redimido,
cada instante de este hombre convertido,
a ti dedico, mi arcoíris colorido.

EL MILAGRO DE LA CREACIÓN

Empeñados están los científicos,
en el secreto poder finalmente descifrar,
sobre el origen de este Universo,
que destinados estamos a habitar.

A millones remontan los años,
en que un Big Bang el comienzo marcó,
organizando el caos que reinaba,
que de la oscuridad del vacío nos sacó.

Más no se encuentra respuesta segura,
que de la incógnita les dé explicación,
reducido todo está a la teoría,
que ser prueba pretende, de la creación.

Pero no aciertan más los brujos y videntes,
ni son los sacerdotes dueños de la verdad,
pues ya lo enseñan los sabios filósofos,
que de lo cierto, dudad y acertad.

Posible es, que en tan cruel acertijo,
nunca sepamos qué ocurrió en realidad,
condenados a ignorarlo casi siempre,
de ciencia y de fe yo me he de apartar.

Me aparece que el Universo inmenso,
no surgió de un evento distante,
ni fue el aliento de un Dios inventor,
que todo en un instante lo crease.

Conociendo el amor que ahora conozco,
me convenzo sin duda ninguna,
que la luz que todo lo ilumina,
no responde a lógica alguna.

La creación es milagro constante,
de dos almas gestando con pasión,
el eterno existir de sus historias,
el constante latir de su sentir.

Tal vez no haya ciencia en lo que digo,
ni es un dogma lo que afirmo;
no hay origen que no sea el amor,
ni fin posible a lo así creado.

Todo lo que existe es un milagro,
de un acto de amor ya consumado;
todo lo que falta es consecuencia,
pero eso, todavía, no lo he contrastado.

AMOR GEOMÉTRICO

Enamorado estoy de tu figura,
compendio geométrico de formas;
del óvalo perfecto de tu cara,
del cóncavo y convexo de tus labios,
del circulo interior de tu mirada,
de las semirrectas que adornan tu sonrisa,
del cilindro delgado de tu cuello,
de la elipse repetida en tu cabello,
de la pirámide elevada de tus senos,
del cono escondido en tus pezones,
del rectángulo óseo de tu tórax,
de las curvas insinuantes de tu abdomen,
del triángulo hermoso de tu pelvis,
del punto desconocido que te excita,
del trapecio armónico de tus muslos,
de las líneas en segmentos de tus brazos,
de los polígonos dimensionales de tus dedos,

del plano suave de tus extremidades,
del espacio interconectado de tus células,
de la superficie cubierta por tus poros.
Y siendo tan armónico el conjunto,
no es de él solo el volumen de mi amor,
pues reparto adoración vertical por ese cuerpo,
con paralelos sentires por el resto de tu ser;
amor a la parábola diaria de latidos,
que emanan sin medidas de tu tierno corazón;
amor al prisma luminoso de tu alma,
esfera colorida que guía mi inspiración.

www.ingramcontent.com/pod-product-compliance
Lightning Source LLC
Chambersburg PA
CBHW071140090426
42736CB00012B/2184